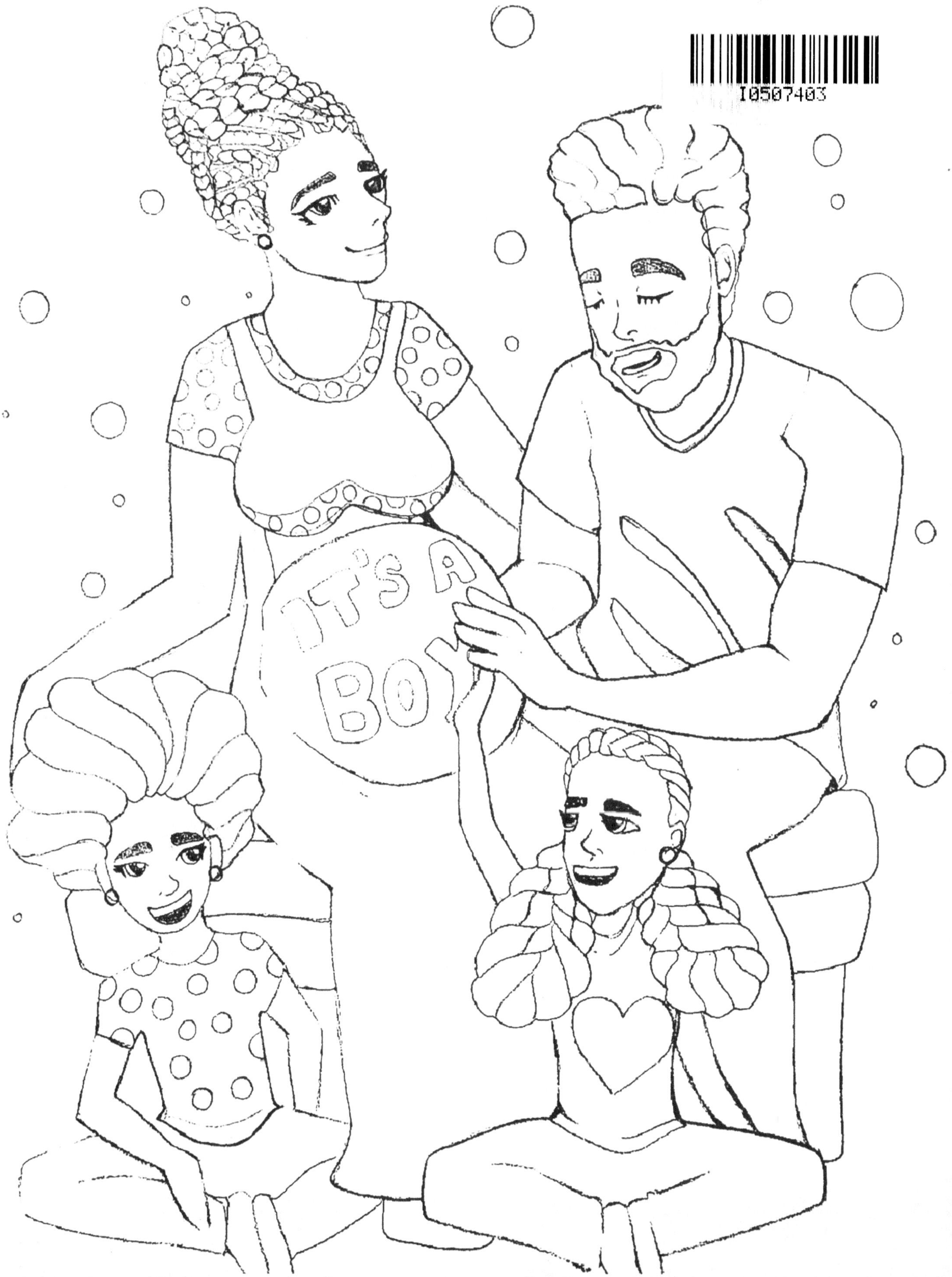
IT'S A BOY

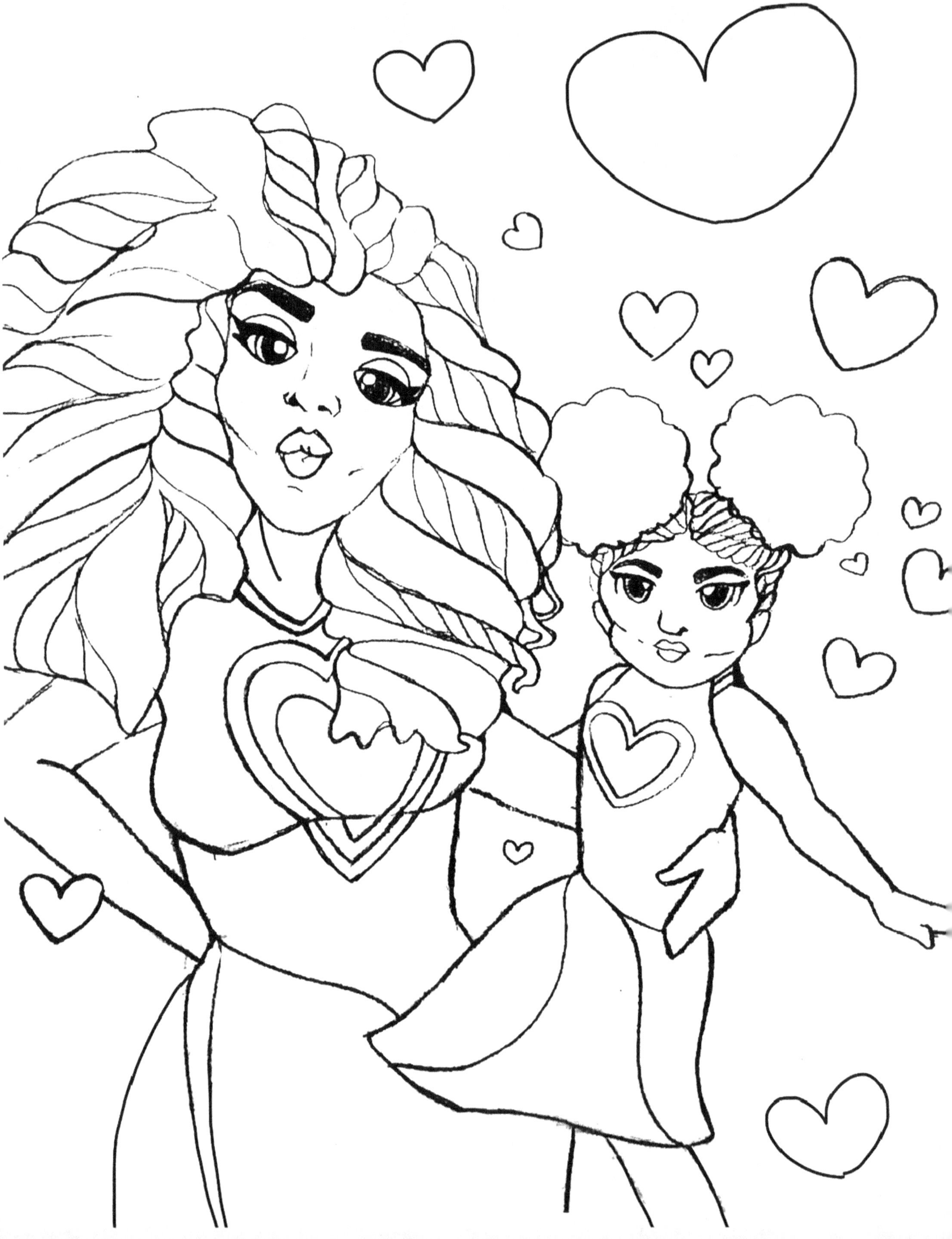

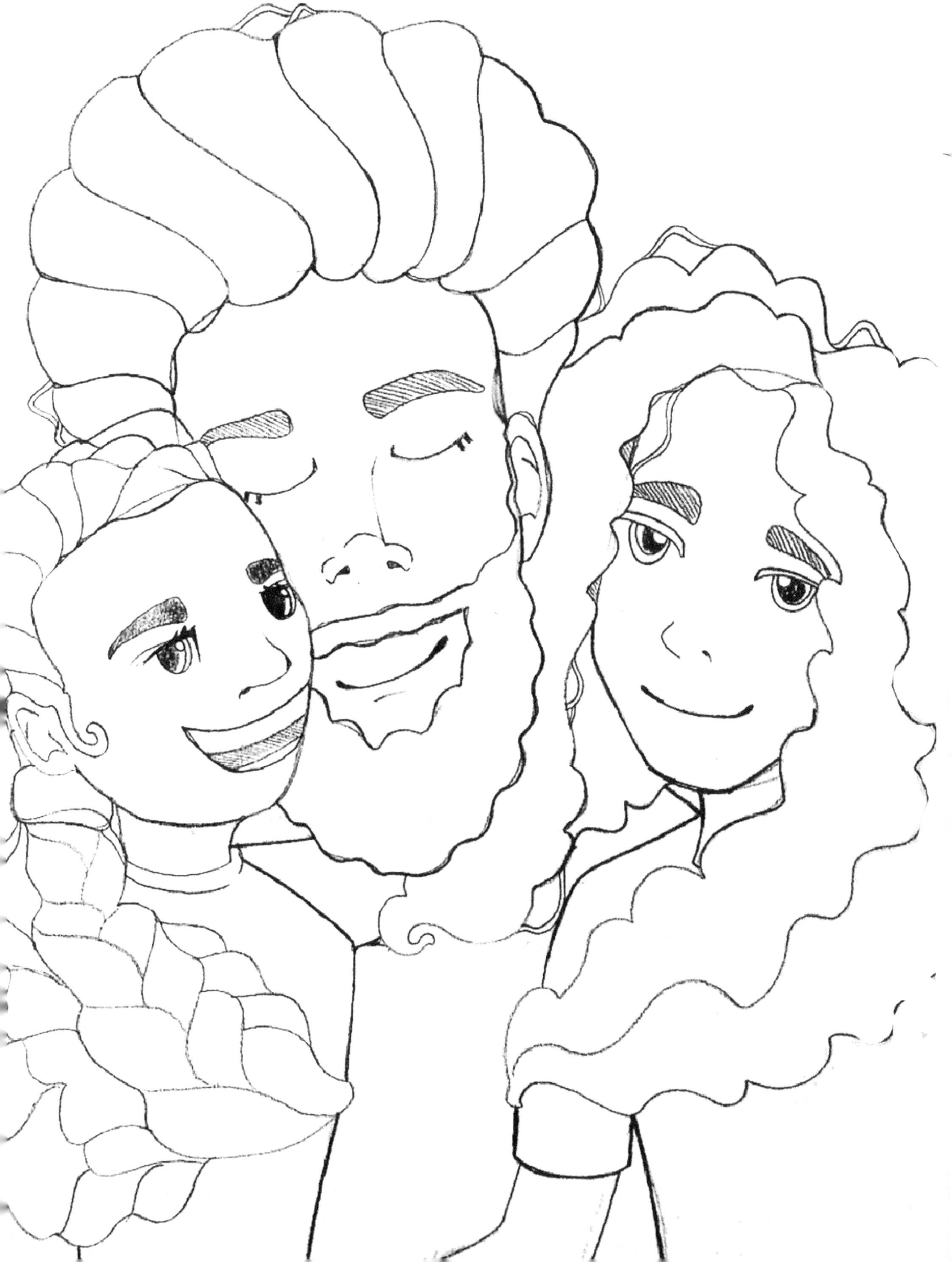

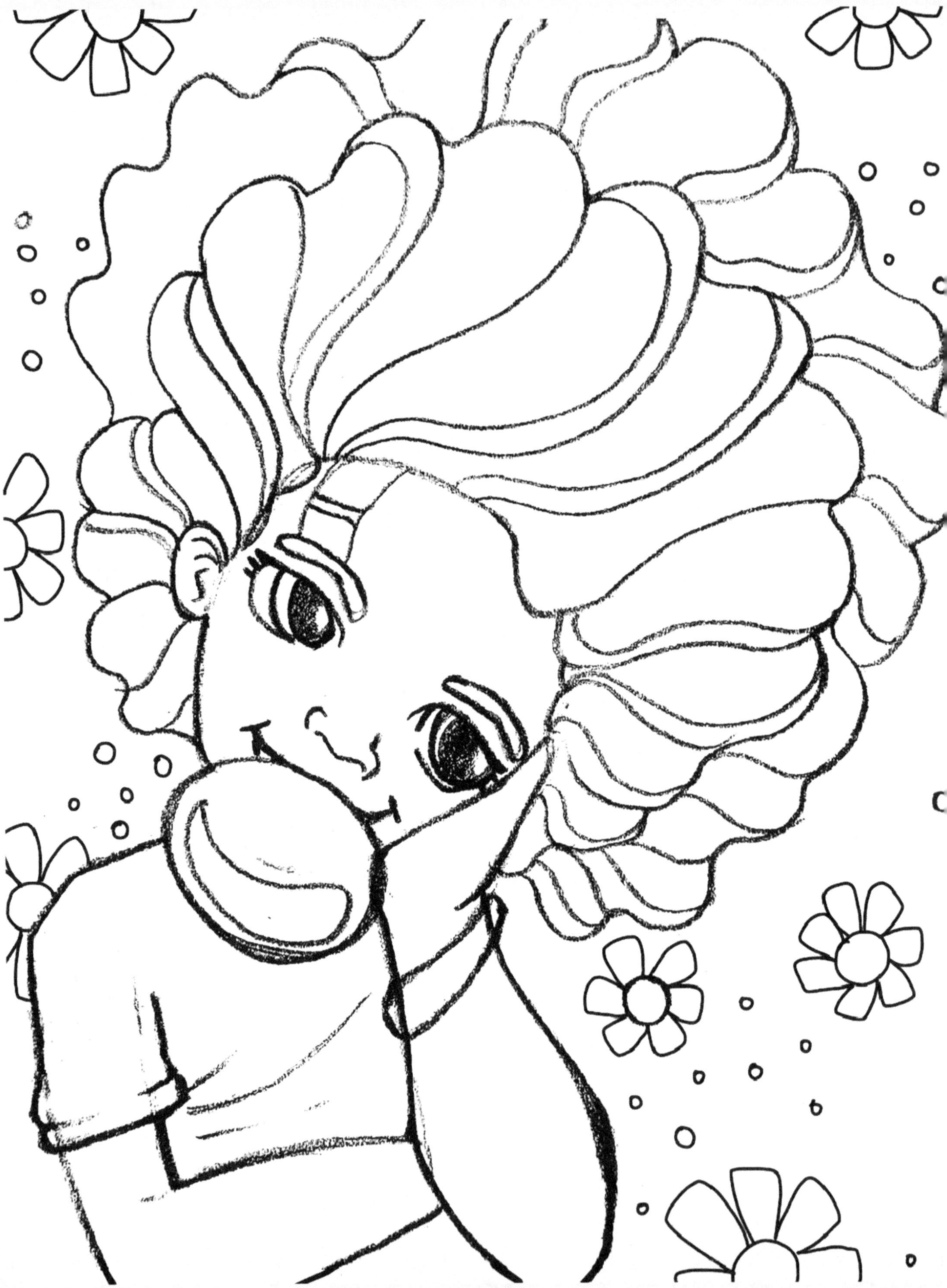

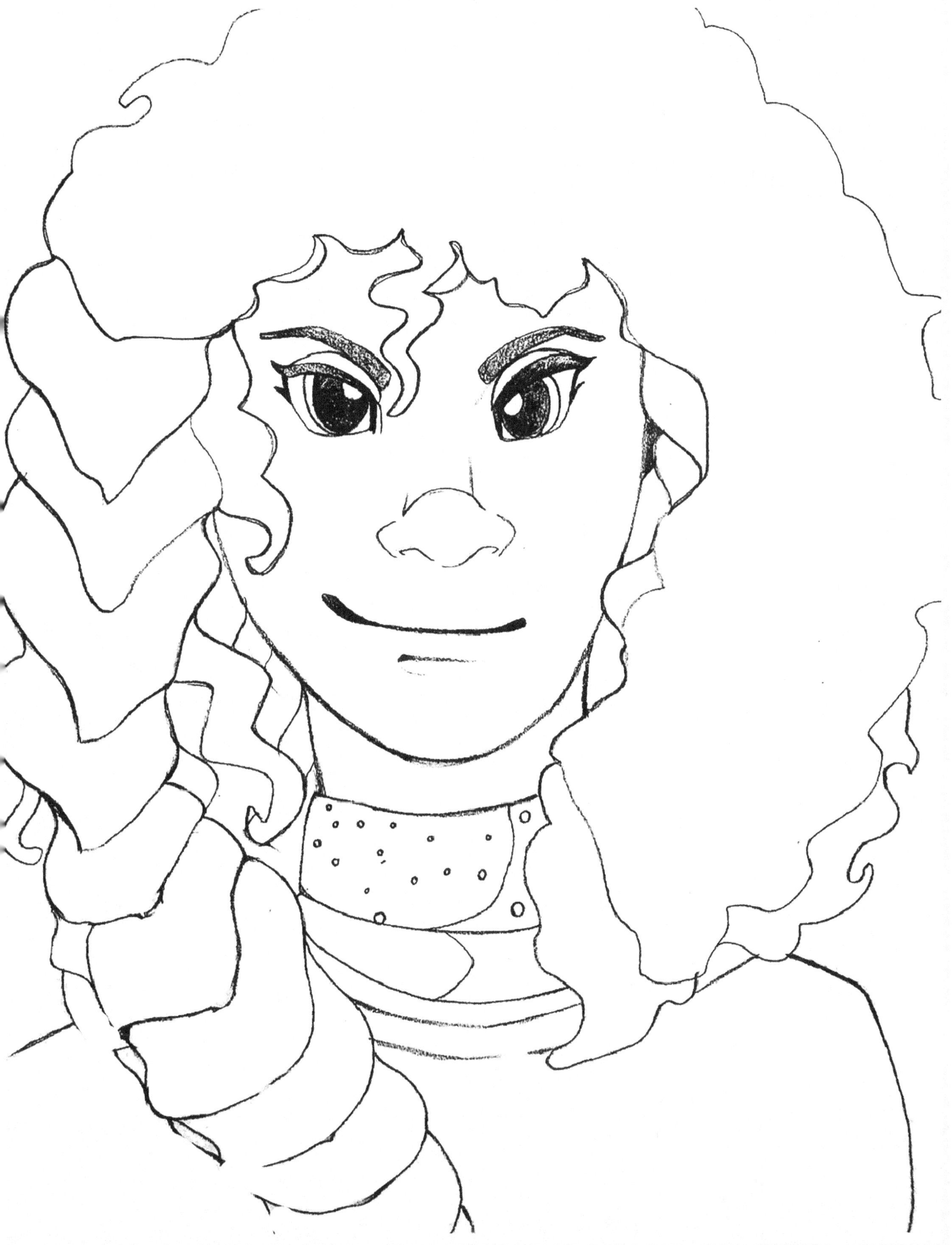

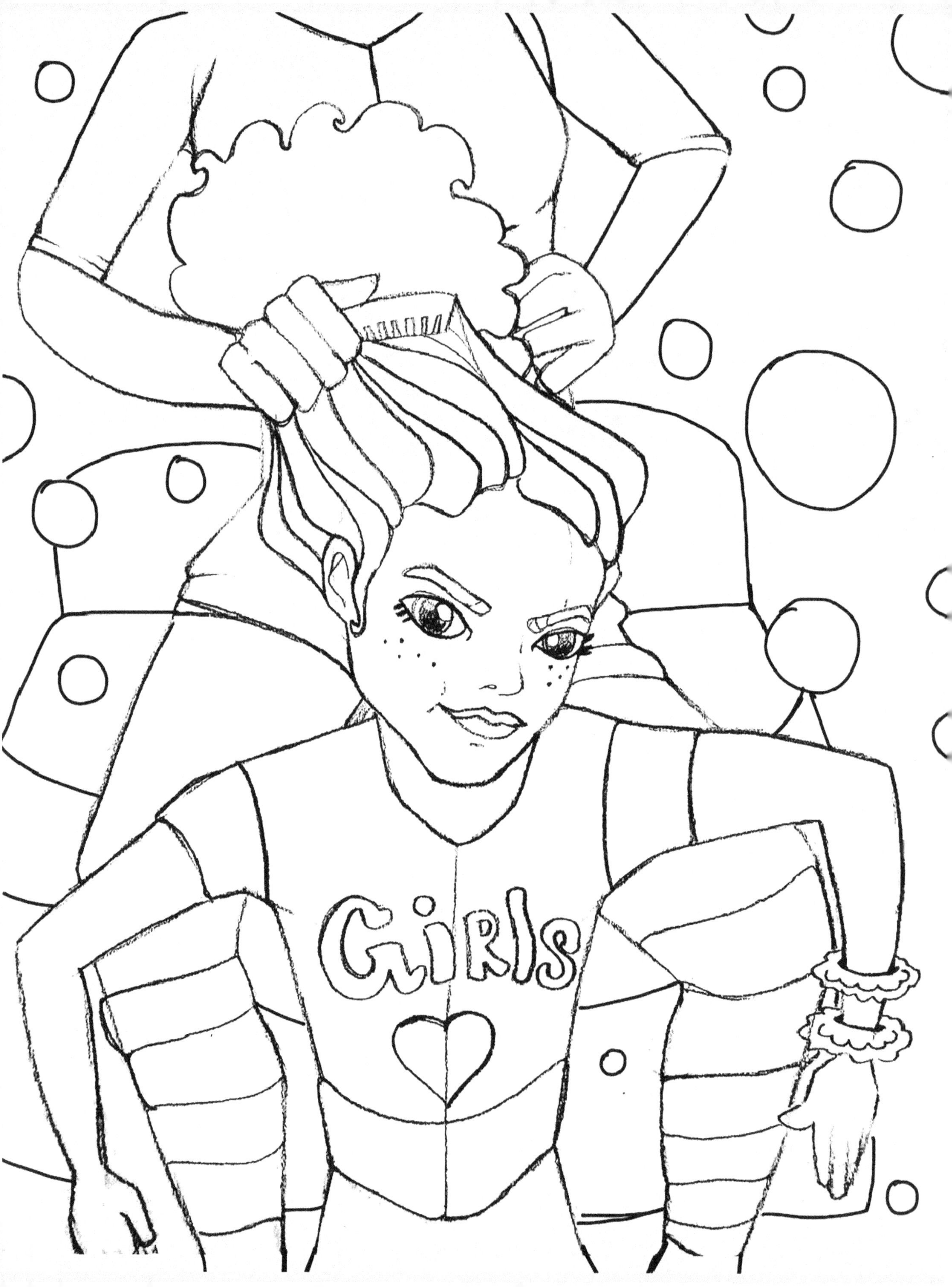
GiRls

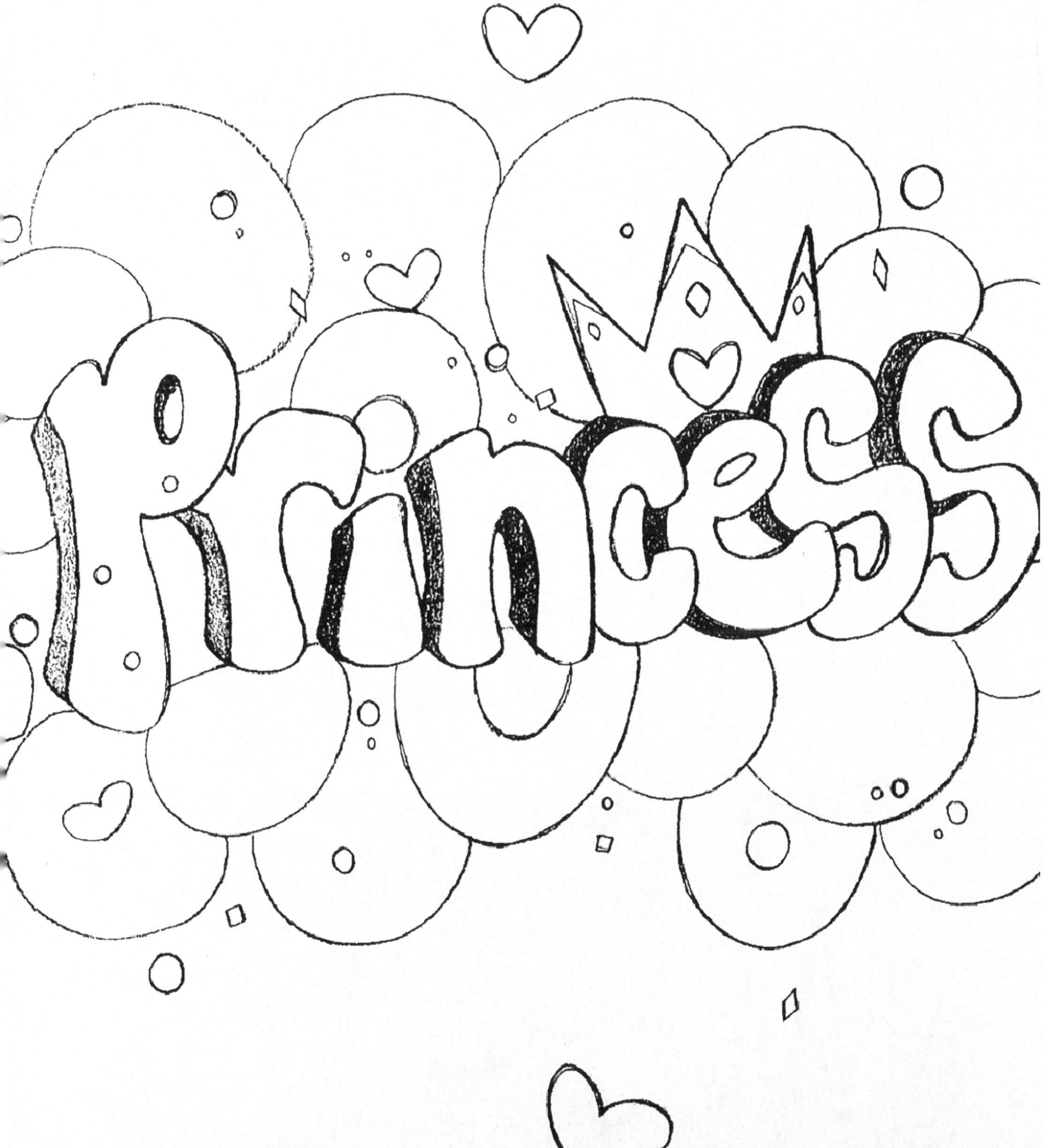
Princess

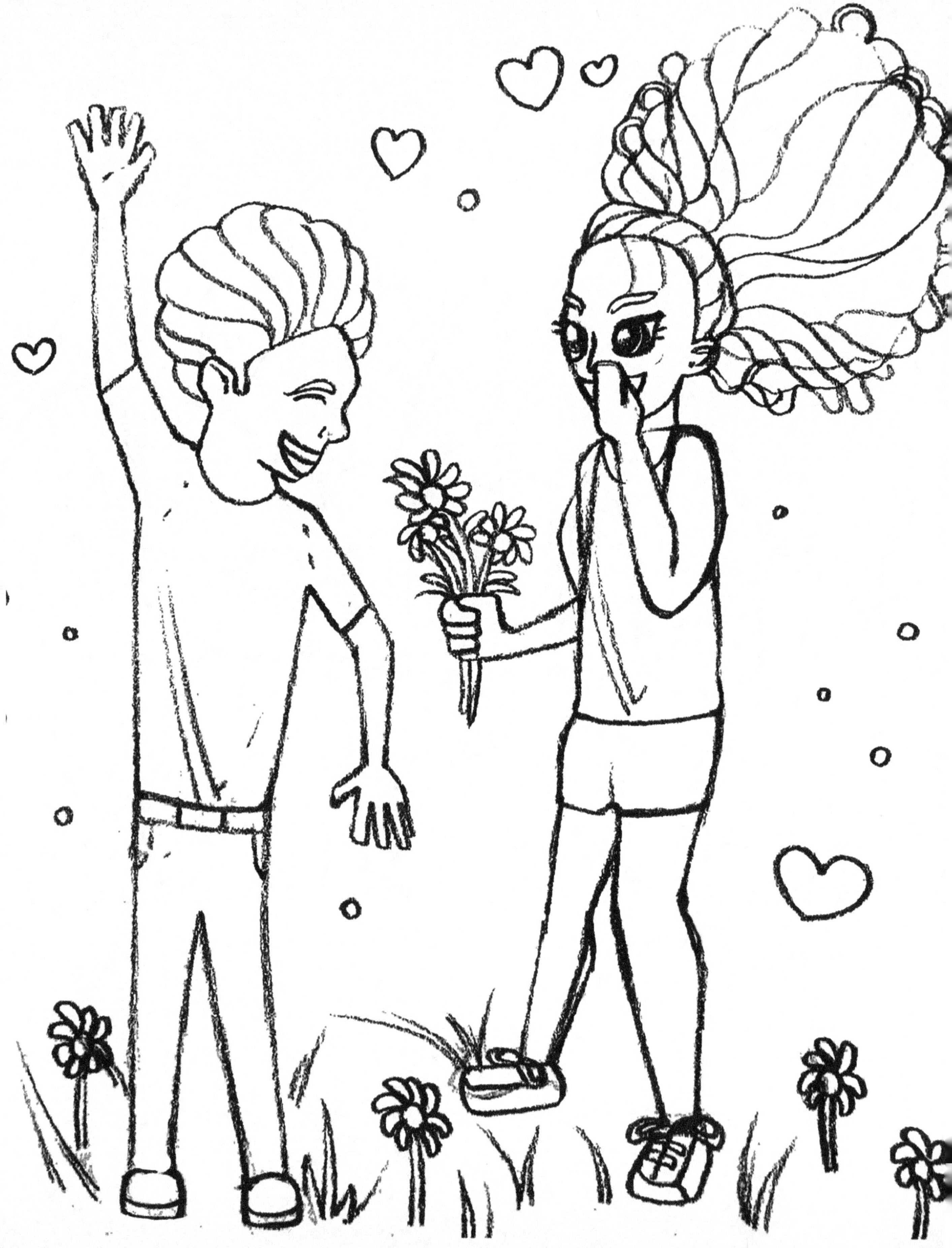

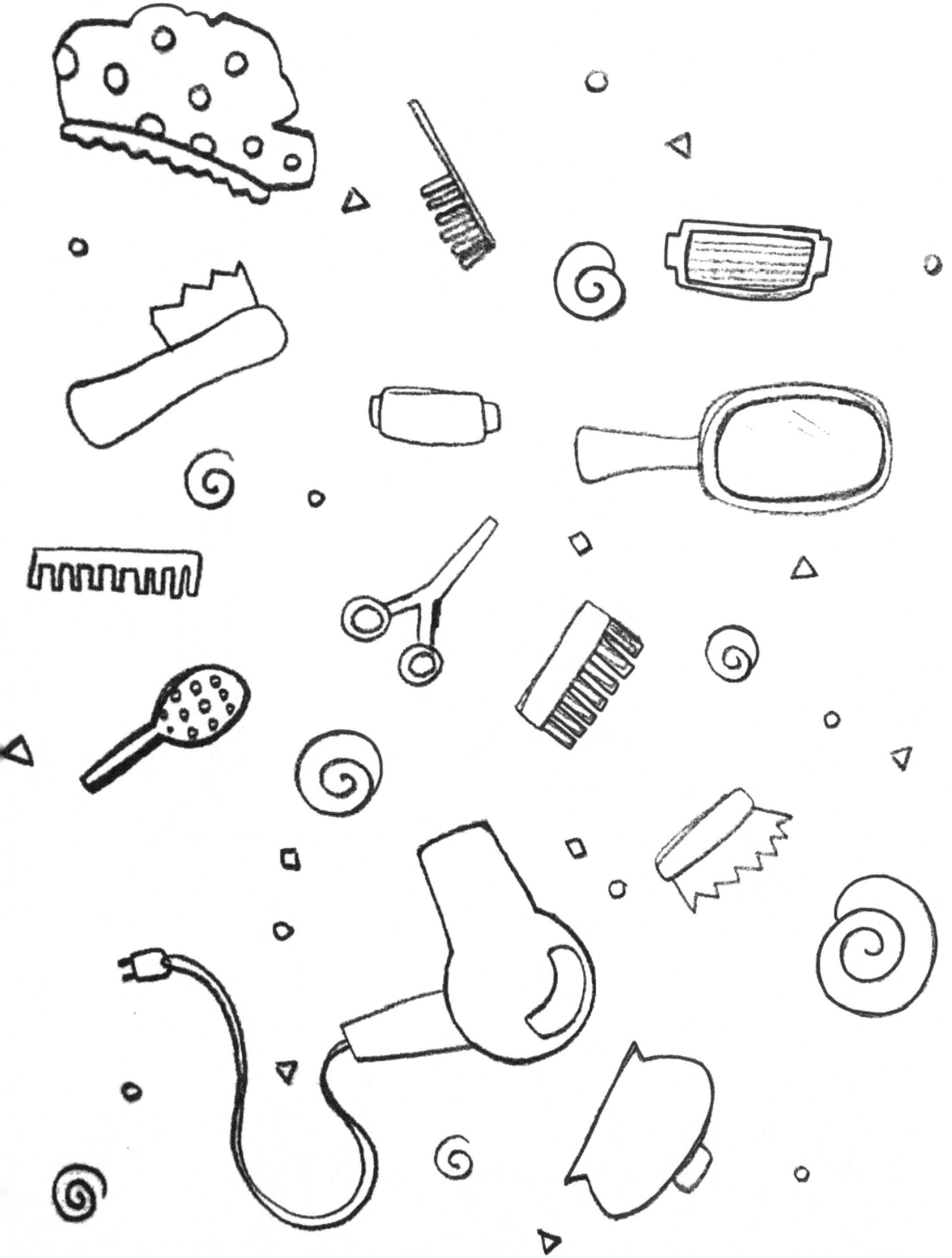

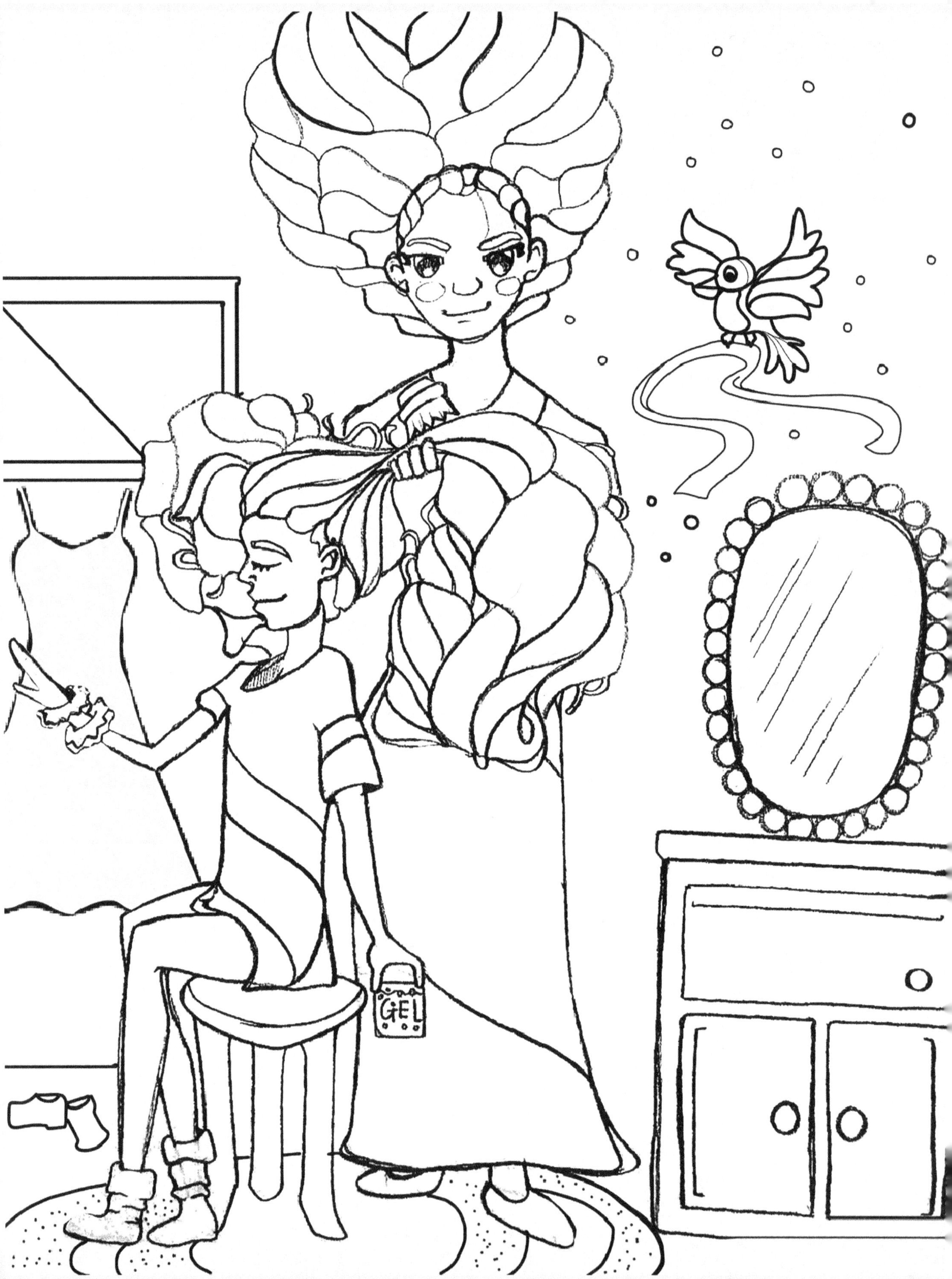
GEL

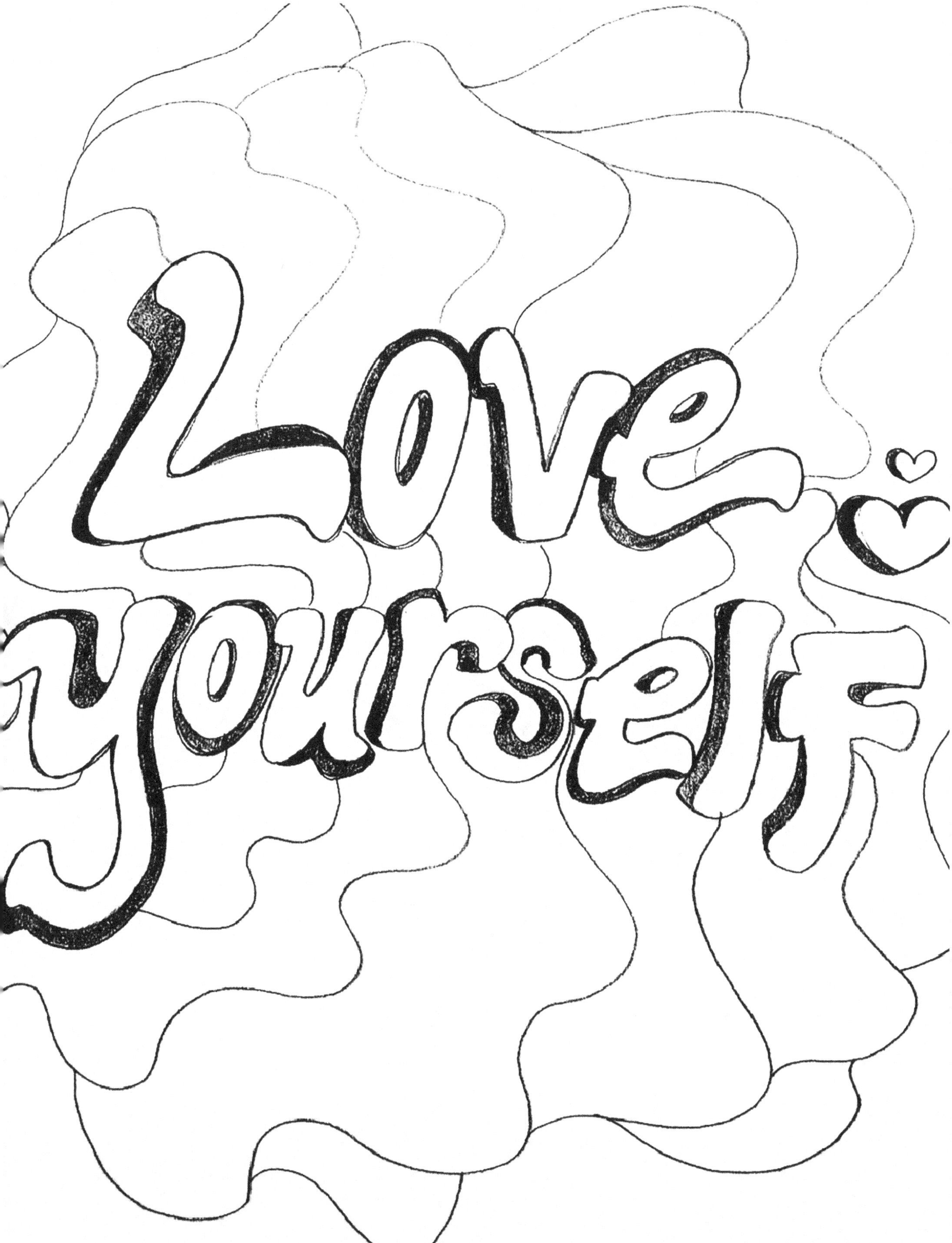
Love yourself

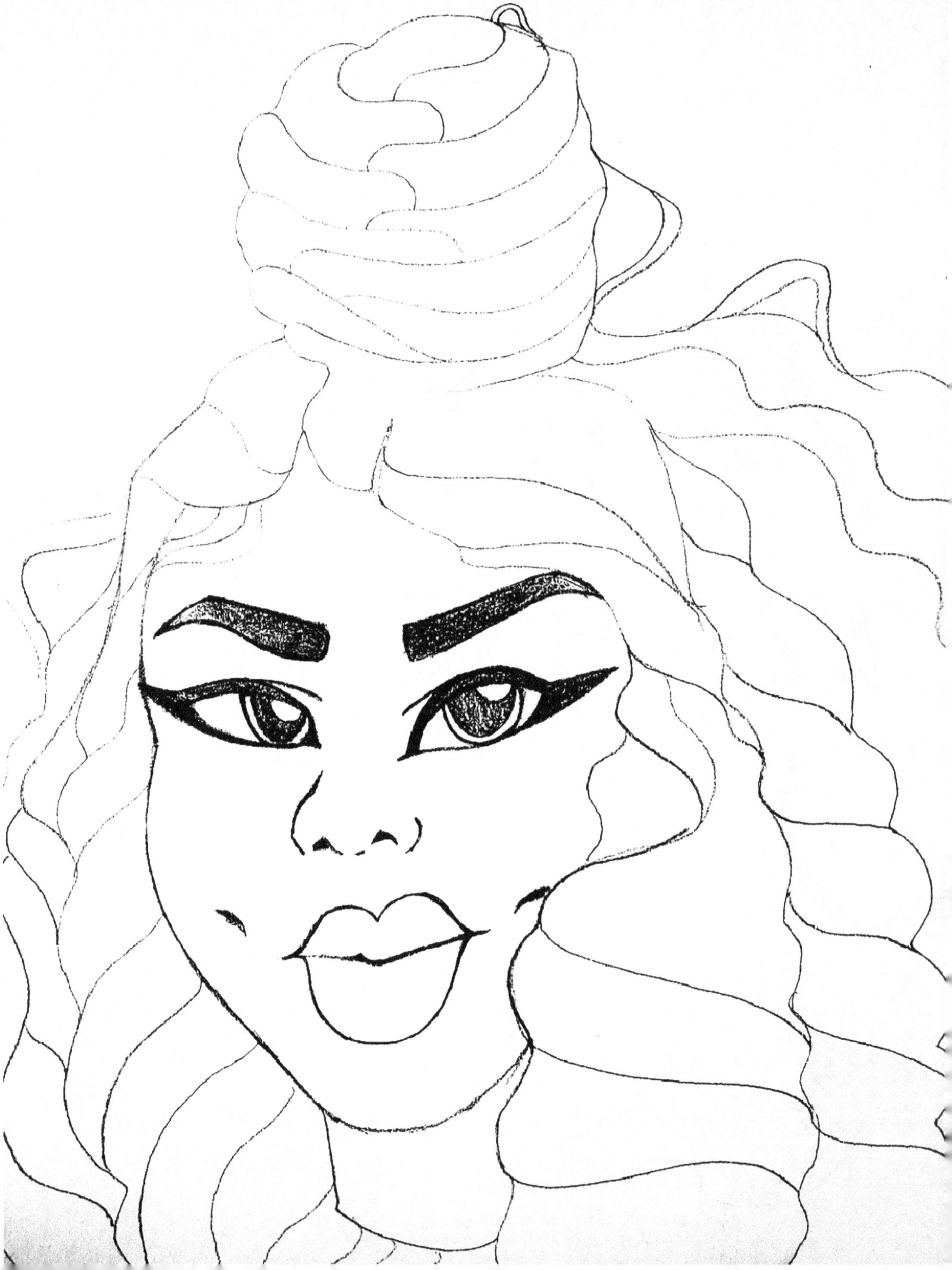

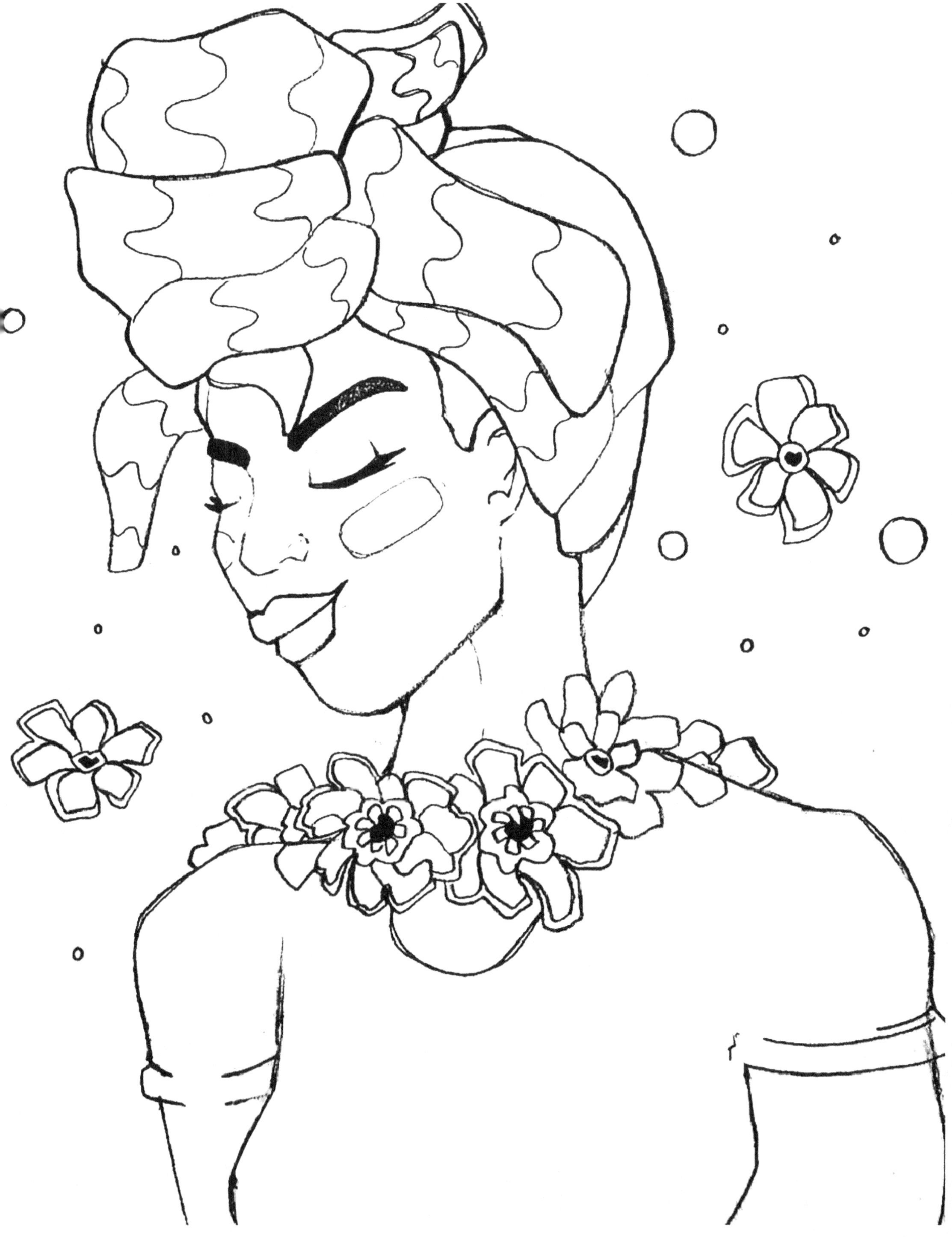

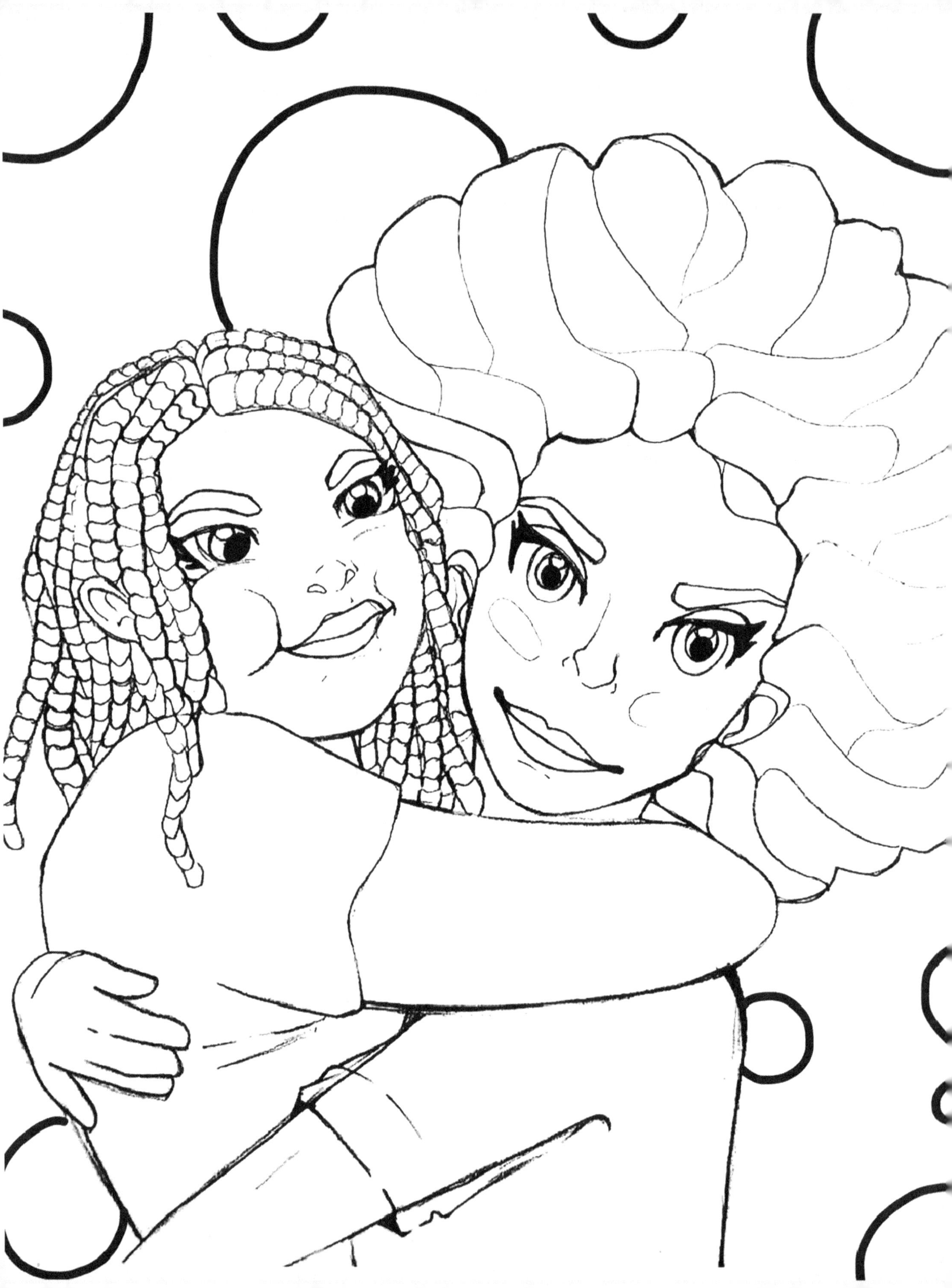

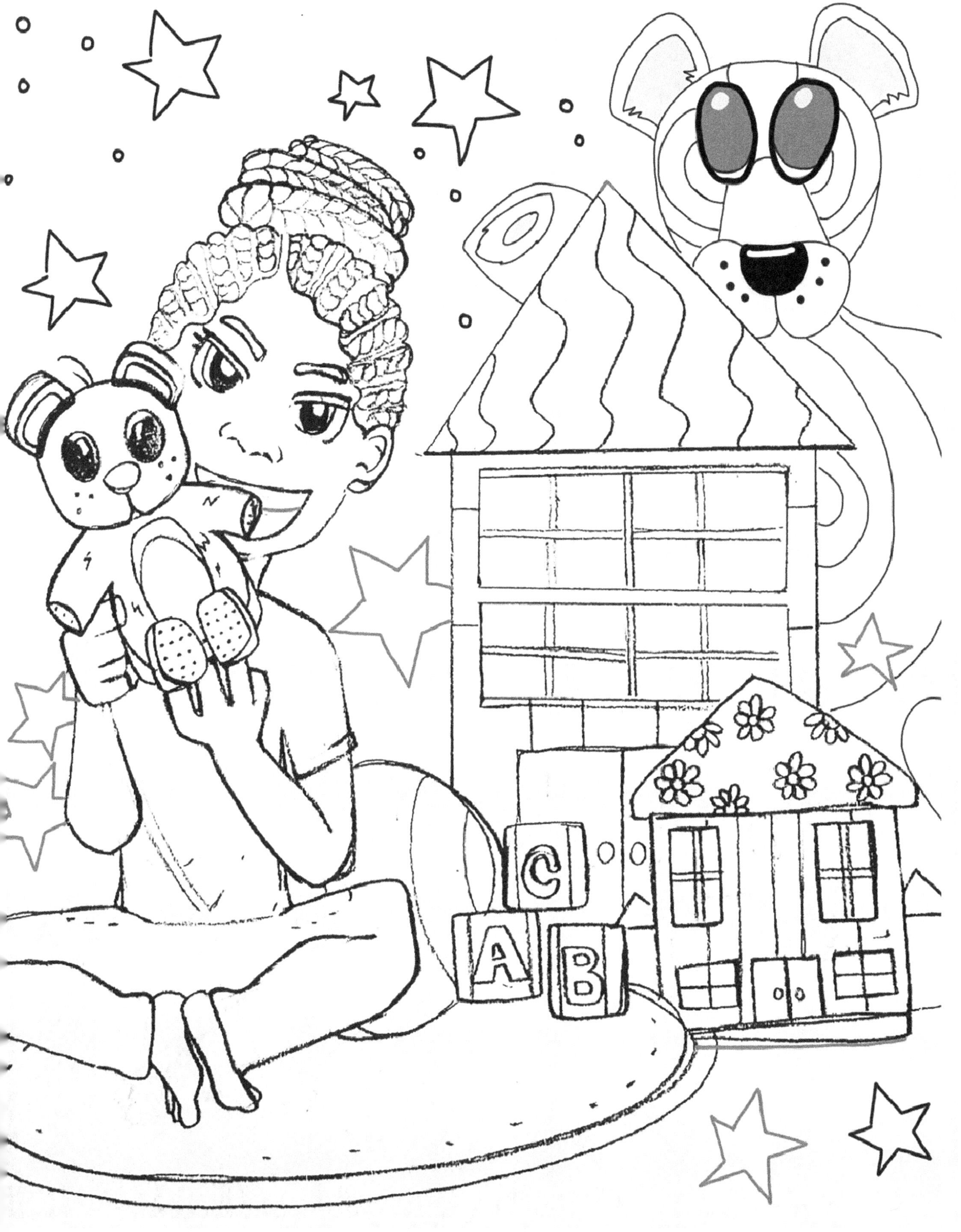
C
A
B

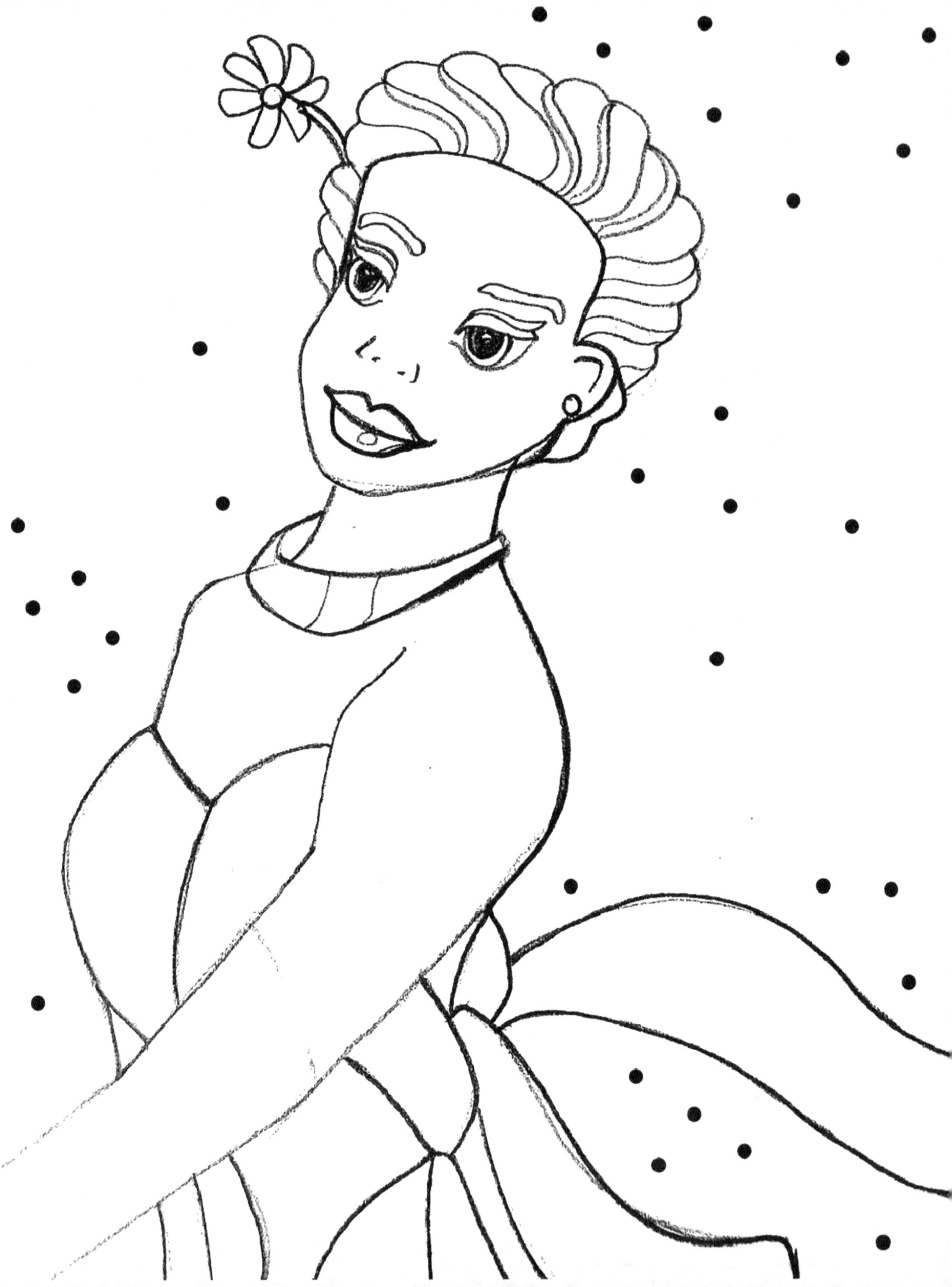

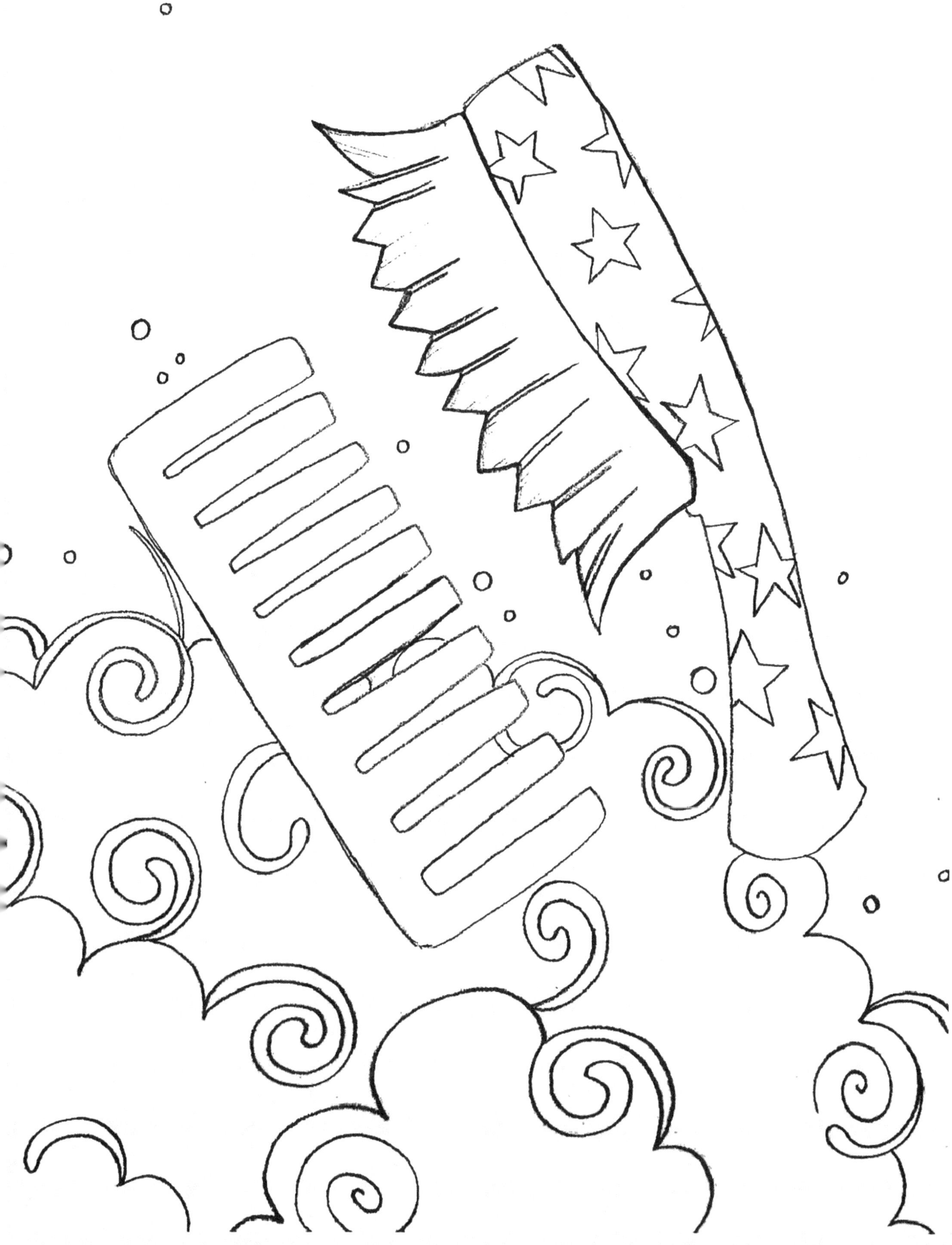

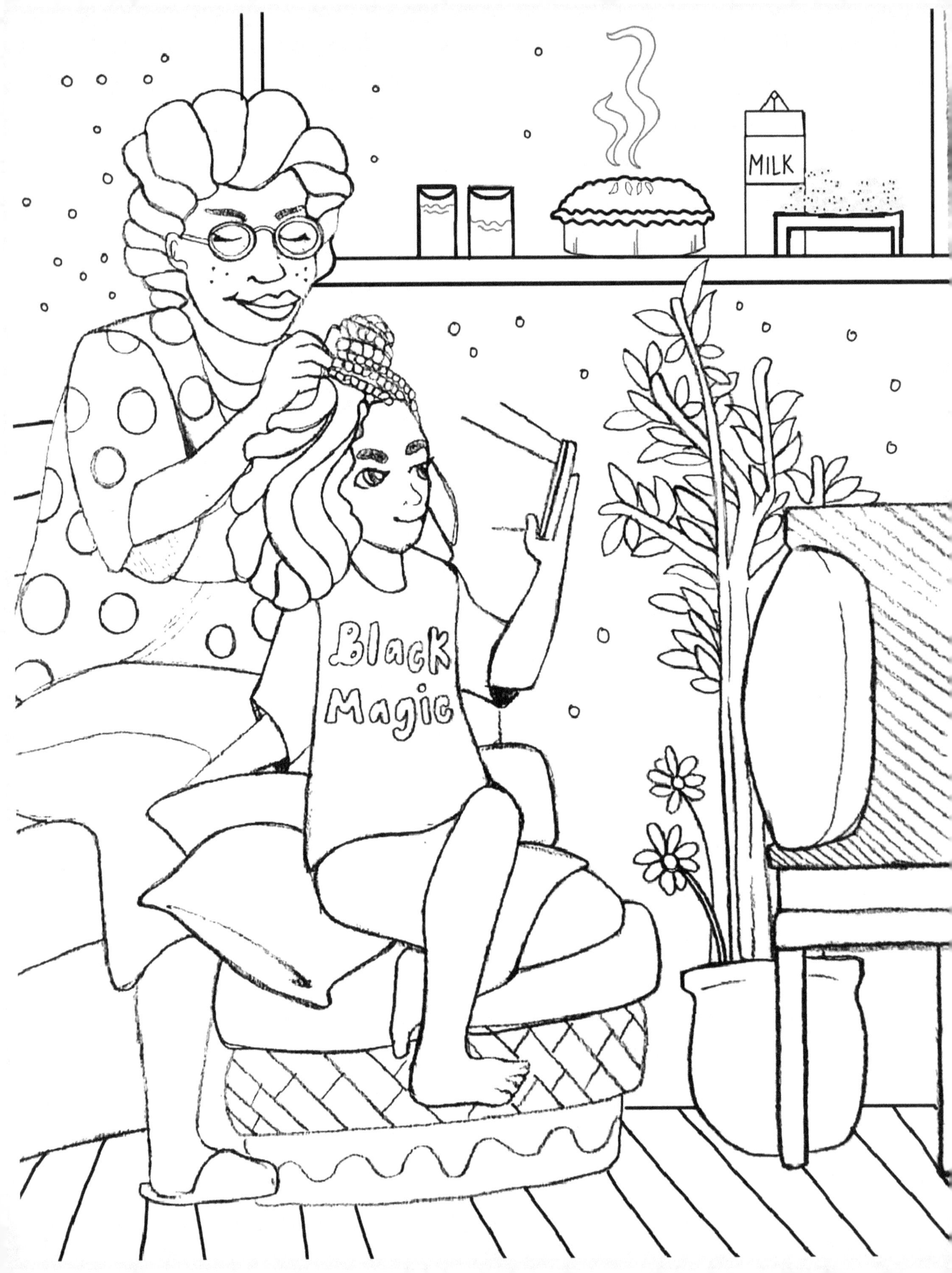
MILK
Black
Magic

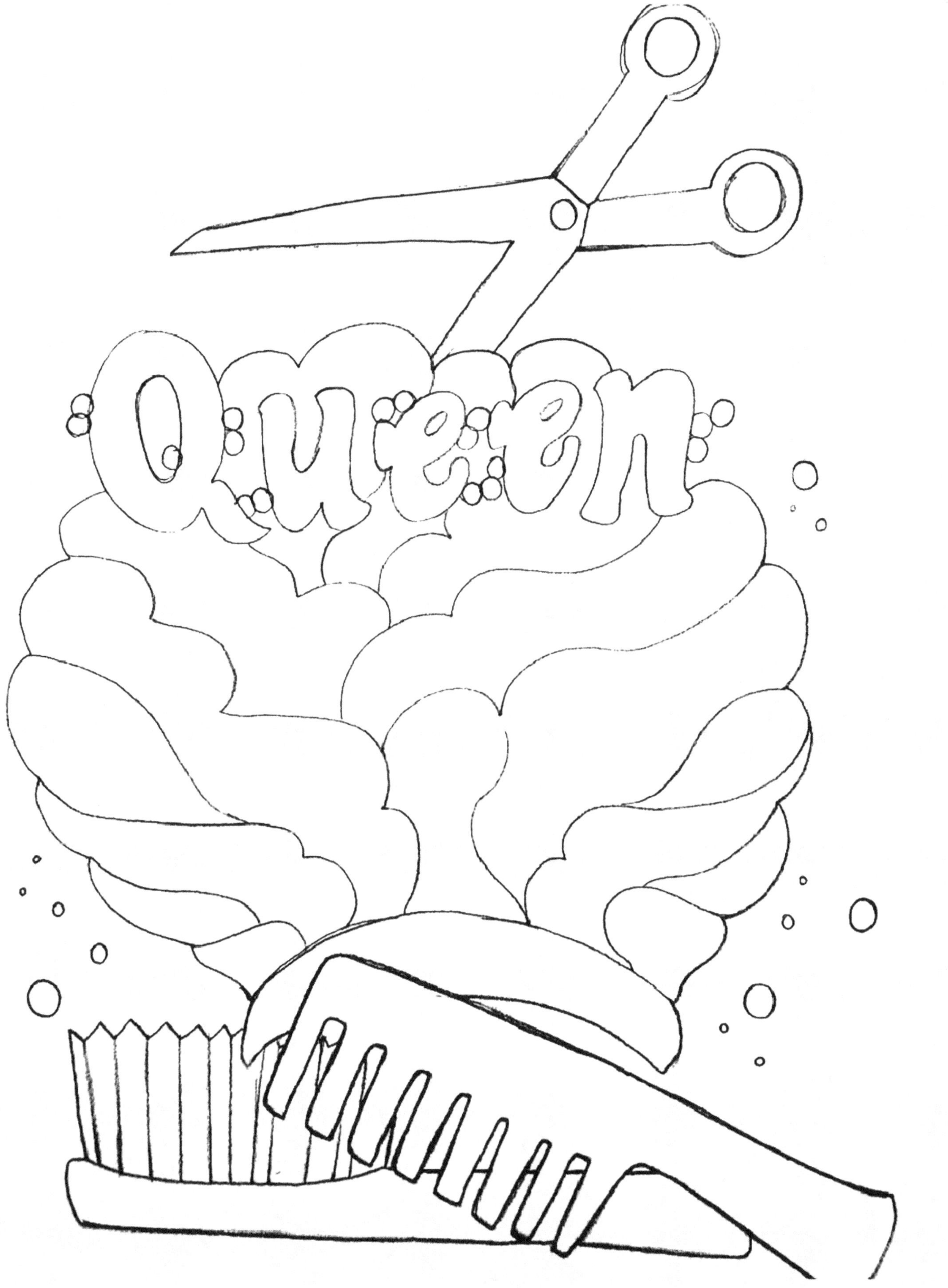
Queen

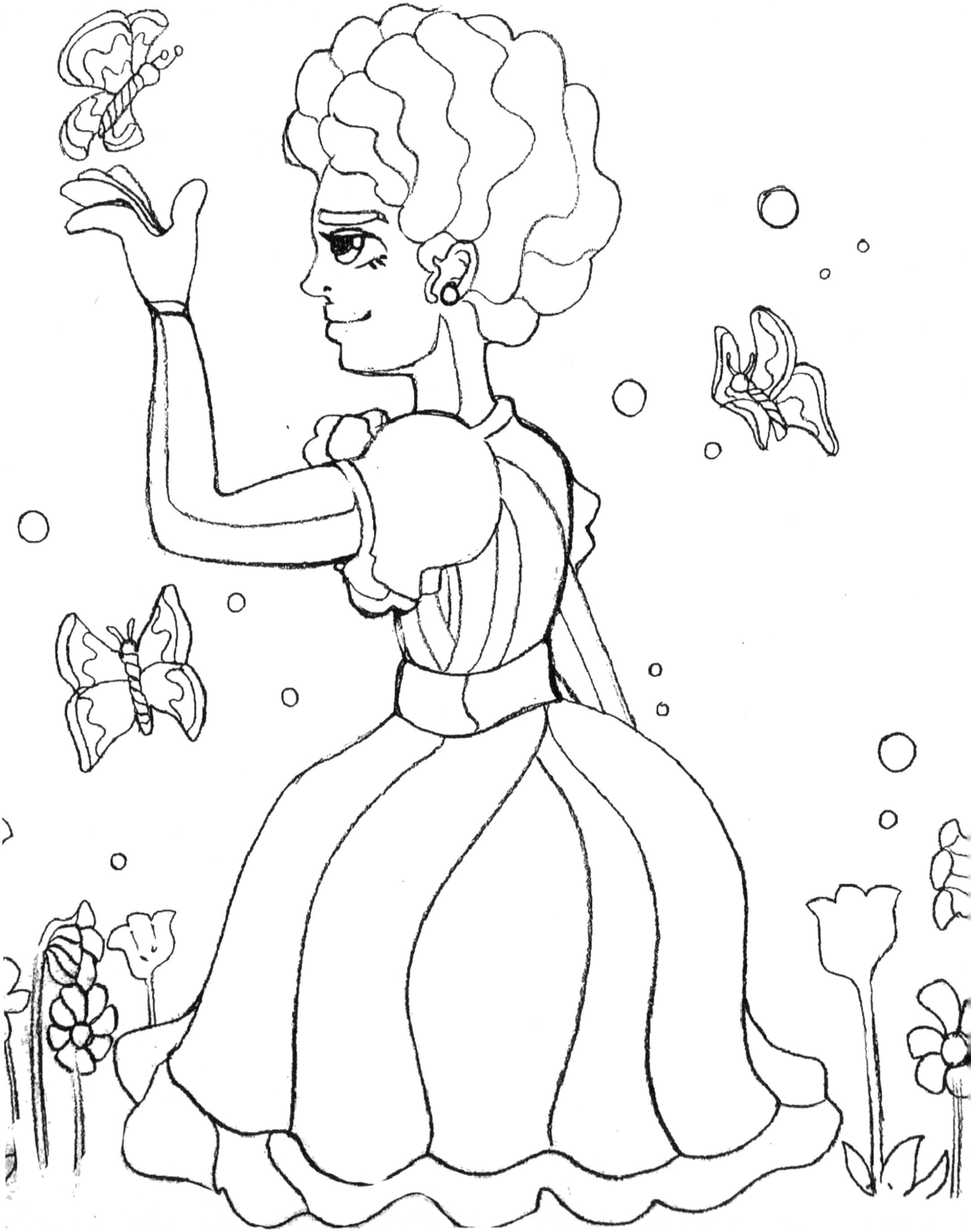

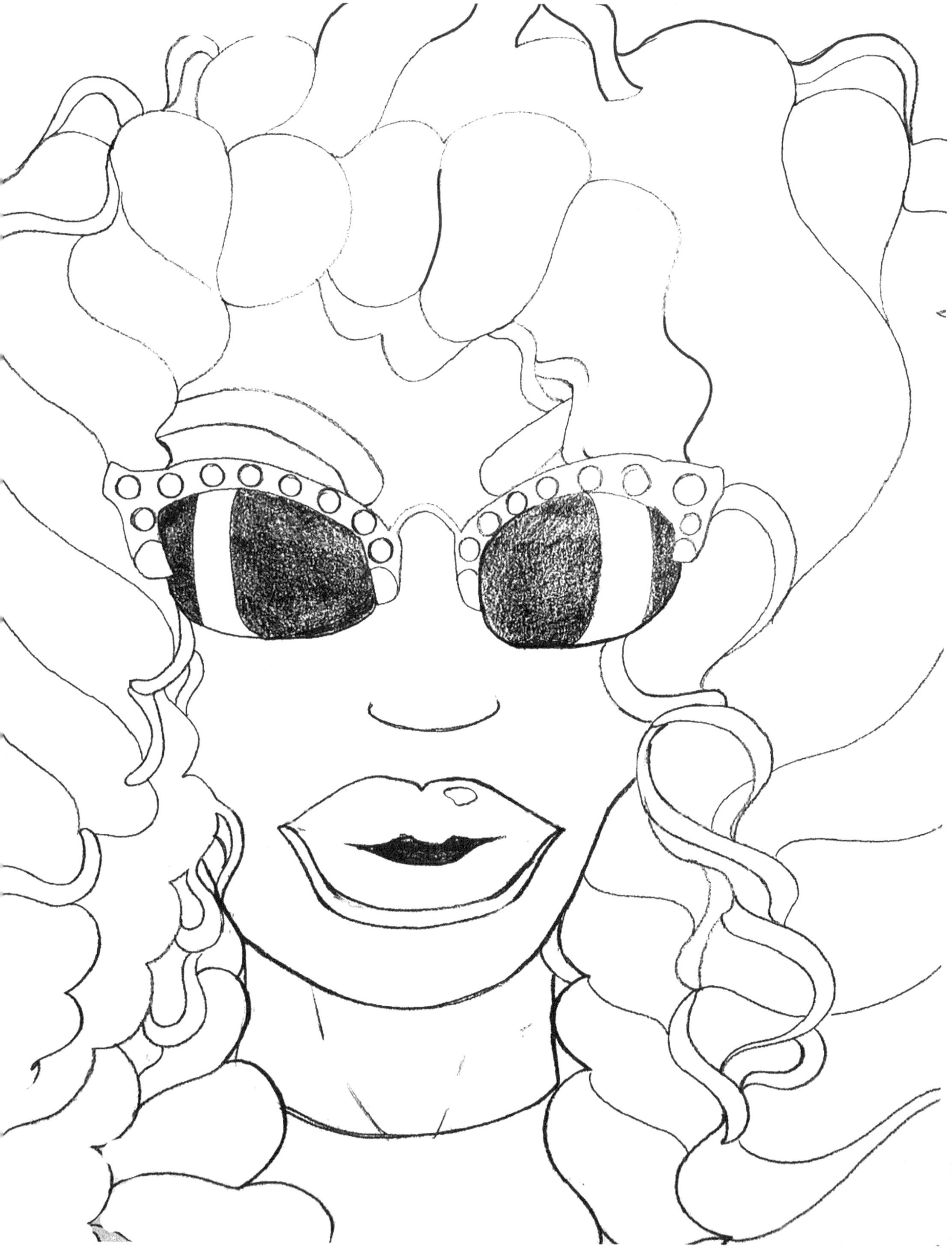

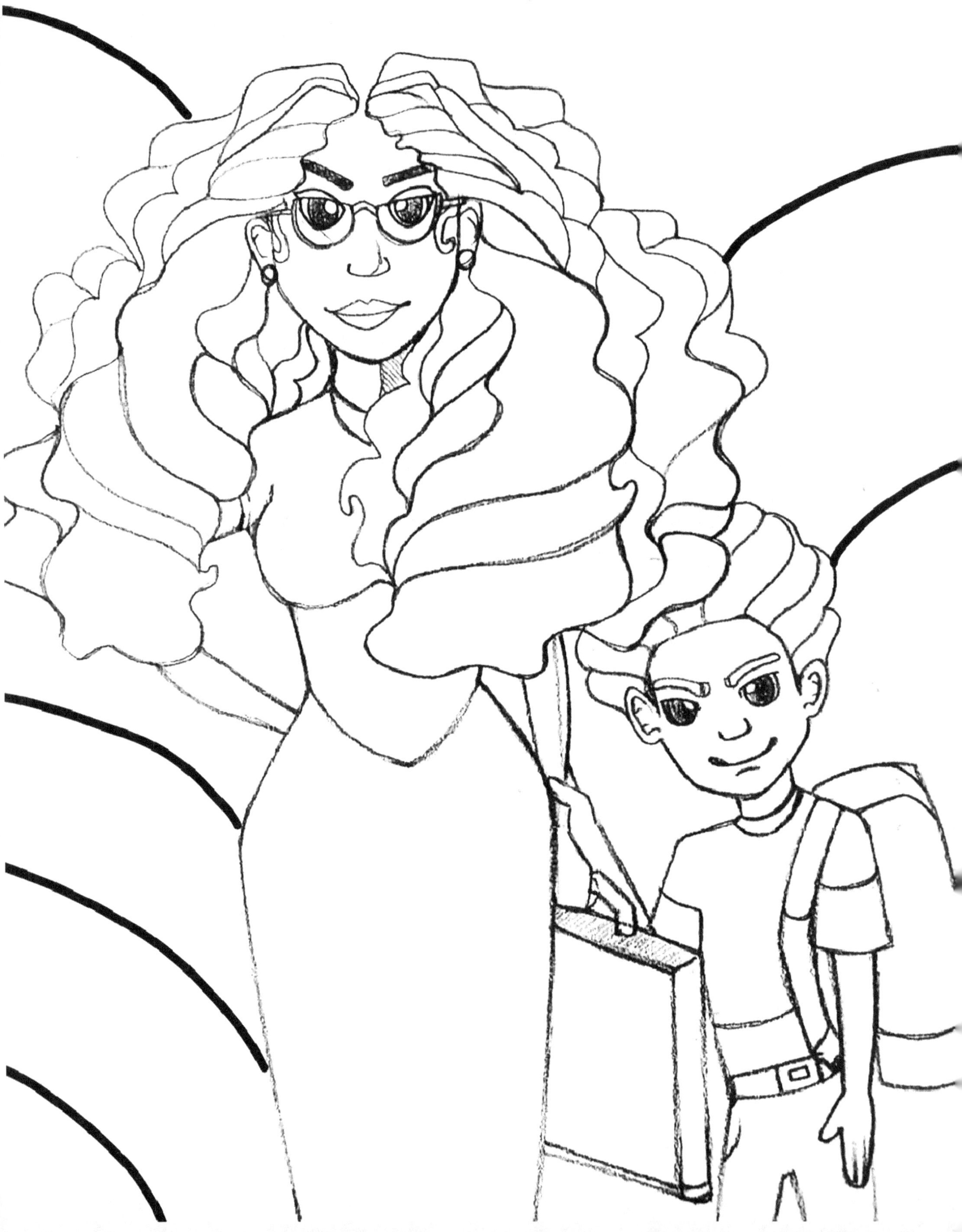

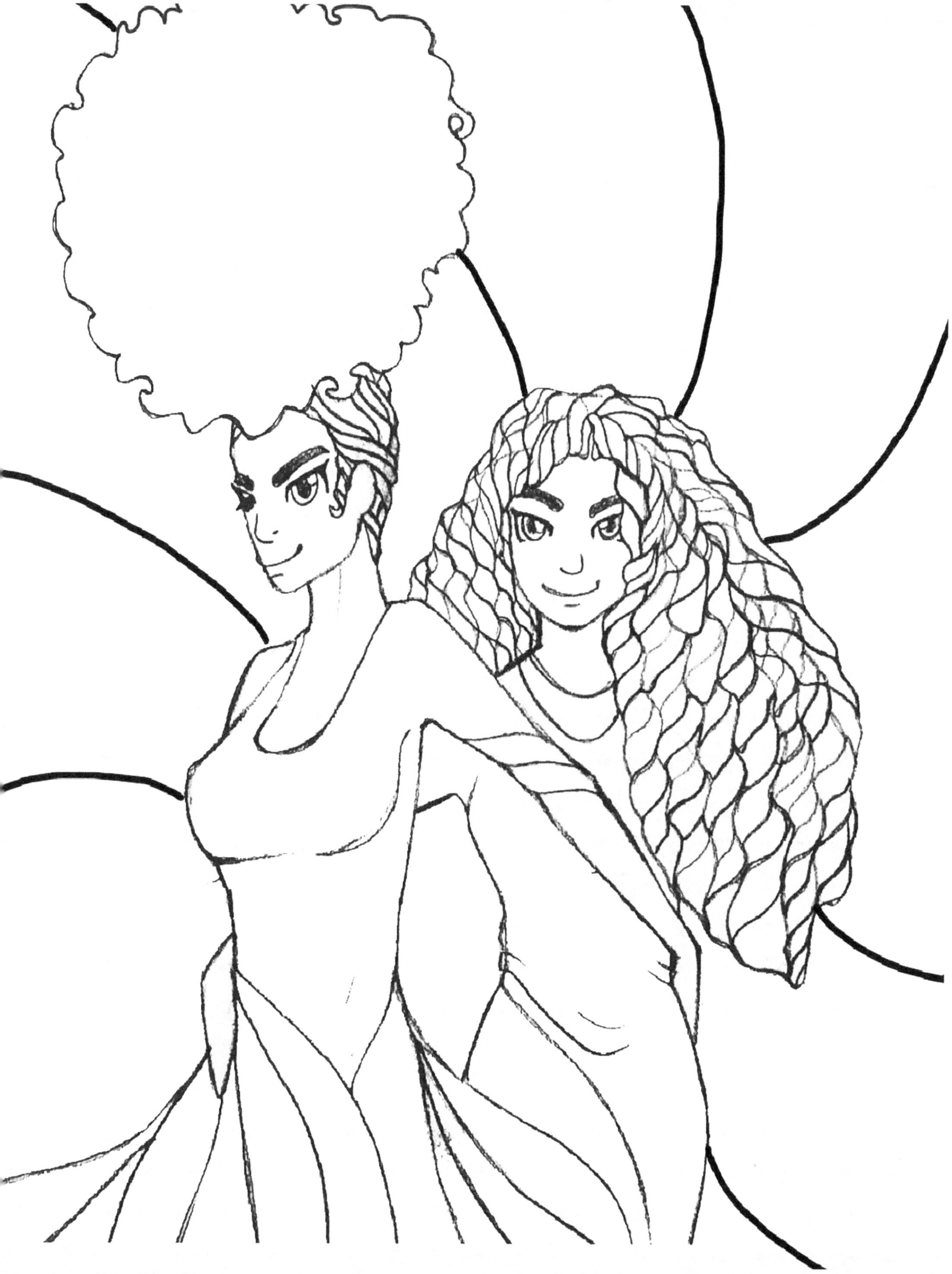

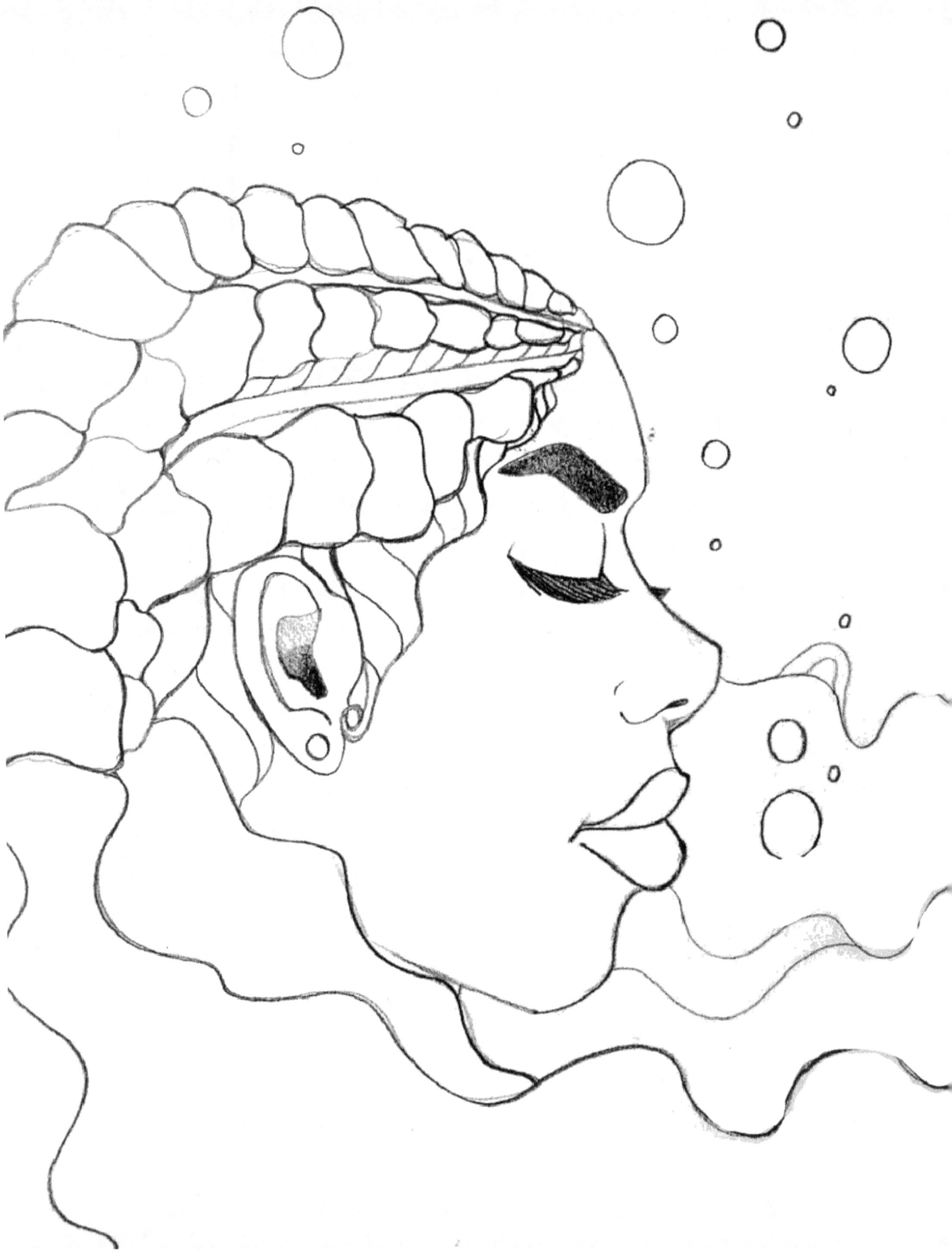

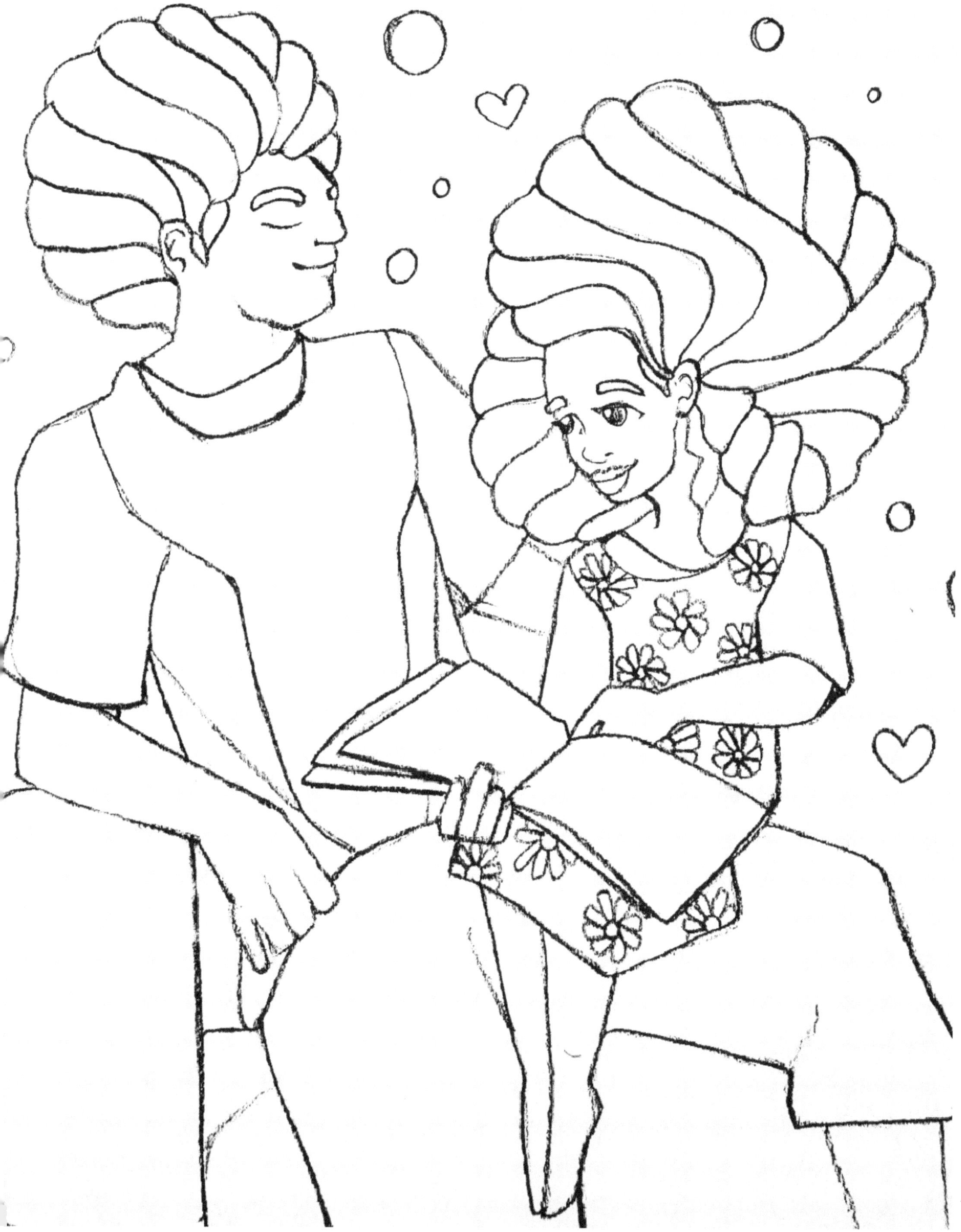